Date: 6/29/20

La biblioteca

Julie Murray

Abdo

MI COMUNIDAD: LUGARES

Kids

abdopublishing.com

Published by Abdo Kids, a division of ABDO, PO Box 398166, Minneapolis, Minnesota 55439.
Copyright © 2017 by Abdo Consulting Group, Inc. International copyrights reserved in all countries.
No part of this book may be reproduced in any form without written permission from the publisher.

Printed in the United States of America, North Mankato, Minnesota.

102016

012017

 THIS BOOK CONTAINS
RECYCLED MATERIALS

Spanish Translator: Maria Puchol

Photo Credits: Glow Images, iStock, Shutterstock

Production Contributors: Teddy Borth, Jennie Forsberg, Grace Hansen

Design Contributors: Candice Keimig, Dorothy Toth

Publisher's Cataloging-in-Publication Data

Names: Murray, Julie, author.

Title: La biblioteca / by Julie Murray.

Other titles: The library. Spanish

Description: Minneapolis, MN : Abdo Kids, 2017. | Series: Mi comunidad:
      lugares | Includes bibliographical references and index.

Identifiers: LCCN 2016947553 | ISBN 9781624026386 (lib. bdg.) |
      ISBN 9781624028625 (ebook)

Subjects: LCSH: Libraries--Juvenile literature. | Buildings--Juvenile literature.
      | Spanish language materials--Juvenile literature.

Classification: DDC 027--dc23

LC record available at http://lccn.loc.gov/2016947553

Contenido

La biblioteca

Una biblioteca es un lugar especial. ¡Está llena de libros!

Cualquier persona puede usar una biblioteca. Ava mira unos libros.

La biblioteca es un lugar silencioso. Max habla **bajo**.

Los bibliotecarios pueden
ayudarte. Responden a
tus preguntas.

Hay sillas para sentarse y leer. ¡También hay mesas para trabajar!

Se pueden usar las computadoras. Lucy busca **información**.

Nate encuentra un libro. Quiere llevárselo prestado a casa.

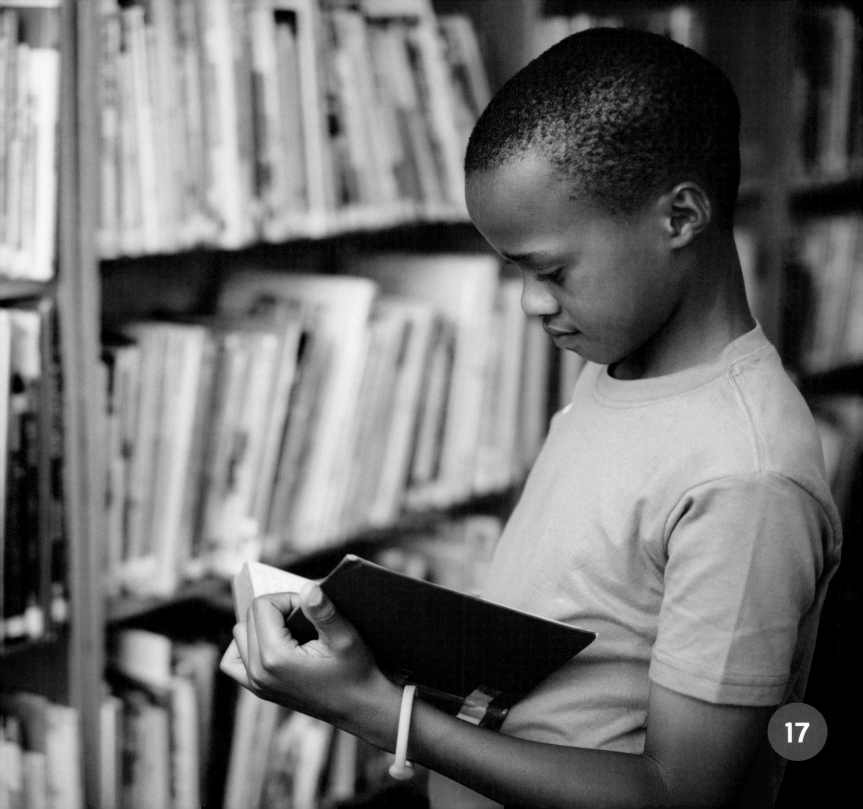

17

Los libros de la biblioteca se pueden tomar prestados. Mark usa su tarjeta de la biblioteca.

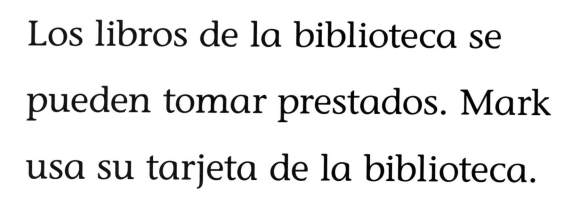

¿Has estado en una biblioteca?

En la biblioteca

bibliotecario

libros

computadoras

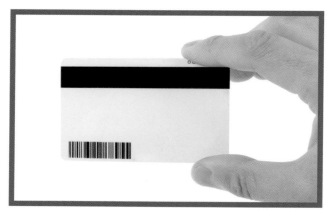

tarjeta de la biblioteca

Glosario

bajo
sonido silencioso.

información
hechos y detalles sobre un tema.

Índice

abdokids.com

¡Usa este código para entrar en abdokids.com y tener acceso a juegos, arte, videos y mucho más!

Código Abdo Kids:
MTK5376